EDAF
MADRID

FEDERICO GARCÍA LORCA

ROMANCERO GITANO
* * *
LLANTO POR IGNACIO SÁNCHEZ MEJÍAS

Prólogo y notas de
Francisco ALONSO

BIBLIOTECA EDAF

174

Depósito Legal: M. 14.010-1996
I.S.B.N.: 84-7640-078-0

PRINTED IN SPAIN   IMPRESO EN ESPAÑA

Gráficas COFÁS, S. A. - Pol. Ind. Prado Regordoño - Móstoles (Madrid)

ÍNDICE

PRÓLOGO

I

Se ha afirmado repetidas veces que Lorca fue la figura más famosa de su generación, pero no la mejor. Se trata de una verdad que esconde una paradoja: como la luz que ilumina la sombra, pero que no se pueden mirar a la vez. Es cierto que su obra poética no se nos ofrece hoy con la fuerza de la primera etapa de Aleixandre, la depuración del último Guillén o la concentración de la obra de Cernuda. Sin embargo, Lorca movió en su poesía tal cantidad de materiales y formuló tantos y diferentes temas y formas, que hoy aparece quizás como la más abierta y sugerente. La brillantez de sus resultados no vela a los fallidos, los poemas dispersos y la multiplicidad de líneas que hablan del sujeto como pasión y remiten también a su propio camino.

La interrogación principal que hoy presenta la poesía de Lorca radica en encontrar la fórmula que equilibra su construcción como un sistema poético nuevo y redundante a la vez. Estamos ante un amplio repertorio de innovaciones temáticas y estilísticas, contrapesado por un reducido número de soluciones. El fuerte dinamismo expresivo, el retorno a la métrica de base tradicional, la dramatización poética y el irracionalismo verbal, que roza constantemente el límite lingüístico, son innovaciones notables que Lorca pone al servicio de su temática y equilibra con una fuerte asimilación de la tradición.

En sus presupuestos poéticos no actuó de forma excluyente; al contrario, de los ecos del pasado y de la voz vanguardista de su presente recogió las piezas que necesitaba y mejor servían a su poética. Lorca no fue iconoclasta y no se ahogaba en la tradición. Su gesto no buscaba liquidar el pasado, tampoco su continuación, sino hacer sitio: aplanar los escombros para fundarse como lugar poético. El Romancero tradicional, la metáfora de Góngora, Andalucía como tema en su pasado romano y en su costumbrismo, la métrica tradicional renovada por Rubén Darío y Juan Ramón Jiménez, el amor y la muerte con sus correlatos de tragedia y violencia, el paisaje y el aire con colores planos y geometrías cubistas, la imagen surrealista y la sugerencia becqueriana, Nueva York en su doble moneda de elogio de los placeres y coda de la ruina y soledad... ¿Cómo operaba Lorca desde estos materiales tan heterogéneos? Libro a libro, más allá de las novedades o repeticiones, existe una corriente profunda que arrastra, con extrema coherencia, la misma temática. El amor y la muerte atraviesan toda la poesía. El amor como condición de vida y la necesidad de que lleve a su contrario: la muerte. Y ello en la ficción con una certeza irracional e inevitable. Desde este lugar los temas se desdoblan como una estela a veces difusa, pero siempre visible: tristeza, infelicidad, violencia y rebeldía. Se trata de un movimiento desencantado y pesimista que buscará unos símbolos que pueblen de forma silenciosa y repetida el paisaje lorquiano: luna, agua, sangre, caballo, aire, hierbas y metales. Sin embargo, antes que el paisaje advertimos la mirada que lo conforma. Lorca aporta, como una novedad que aún sigue abierta, la construcción literaria como búsqueda de sí mismo, palabras que convierten al autor en un rumor de personajes donde «el sujeto adquiere consciencia de su deseo en el otro, por intermedio de la imagen del otro; imagen del otro que le proporciona el espectro de su propio dominio»[1]. En su despliegue figurativo, esta poesía no se nos dirige como expresión de una experiencia, sino como representación poética de su propio deseo.

II

Cuando Lorca comienza en el verano de 1924 a escribir las primeras composiciones del *Romancero Gitano,* está intentando culminar un ciclo dentro de su poesía, que permanecía inédita casi en su totalidad. Es para el lector, en poesía, autor solamente de *Libro de poemas,* publicado en 1921. Sin embargo, tiene terminados otros dos y mantiene su evolución en progreso. En el primer libro se parte de un postmodernismo volcado a expresar una desilusión y tristeza profundas, con el aire reflexivo del Machado de *Soledades* y el eco del romance lírico de Juan Ramón Jiménez. En su segundo libro *Poema del cante jondo,* escrito en 1921 y publicado diez años después, Lorca establece un primer asedio al folklore y temas andaluces: «Su ritmo es estilizada-

---

[1] Jacques Lacan, *El Seminario de Jacques Lacan. Libro I.* Los escritos técnicos de Freud. 1953-1954. Barcelona, Ediciones Paidós, 1981.

mente popular y saco a relucir en él a los *cantaores* viejos y a toda la fauna y floras fantásticas que llena estas sublimes canciones: el Silverio, el Juan Breva, el Loco Mateos, la Parrala, el Fillo..., y ¡la Muerte! Es un retablo..., es... un *puzzle americano*, ¿comprendes? El poema empieza con un crepúsculo inmóvil y por él desfilan la *siguiriya*, la *soleá*, la *saeta* y la *petenera*. El poema está lleno de gitanos, de velones, de fraguas; tiene hasta alusiones a Zoroastro. Es la primera cosa de *otra orientación mía* y no sé todavía qué decirte de él..., ¡pero novedad sí tiene! El único que lo conoce es Falla y está entusiasmado...»[2]. En esta poesía aparece ya la tendencia a dramatizar figuras y temas, resaltando la sustración de lo alegre y ligero en la temática, para acentuar el tono triste y sombrío. También entre 1921 y 1924 ultima *Canciones* que se publicará en 1927. Ahora se trata de otra línea poética que formalmente se va complejizando y haciendo hermética con temas de exaltación optimista y recuerdo feliz de la infancia. Lorca está buscando un tono y se mueve en varias direcciones a la vez: recuperación de la métrica y estrofas tradicionales, narración de una asfixia interior o de temas y figuras exteriores, uso de la metáfora barroca, ya para expresar el irracionalismo cosmovisionario, ya para distanciar y abstraerse el «sentimentalismo» del poema.

Con una minuciosa elaboración, abundantes correcciones y frecuentes cambios en los títulos, el *Romancero Gitano* tiene una gestación lenta, que va fraguando el primer gran momento de la poesía lor-

---

[2] Carta dirigida a Adolfo Salazar, publicada en *Federico García Lorca, Autógrafos I: poemas y prosas*. Edición de Rafael Martínez Nadal, Oxford, The Dolphin Book Company Ltd. 1975.

quiana. Los temas, tonos y métrica de los tres libros anteriores son removidos y corregidos buscando una fórmula distinta, que los incluya y oculte en una voz que Lorca desea nueva, limpia, sin ecos del pasado. Abandona la versificación libre de base tradicional, presente en los libros anteriores, y se concentra en el esquema del romance, obligándose, por tanto, a replantear la relación entre la historia narrada y el discurso de imágenes que la califica: «Yo quise fundir el romance narrativo con el lírico sin que perdieran ninguna calidad y este esfuerzo se ve conseguido en algunos poemas del *Romancero* como el llamado *Romance sonámbulo,* donde hay una gran sensación de anécdota, un agudo ambiente dramático y nadie sabe lo que pasa ni aun yo»[3]. En determinados pasajes del relato en el poema, Lorca sustituye la historia por el discurso, es decir, lo narrado avanza por vía de la metáfora, que se verá forzada a un desarrollo prodigioso de imágenes equivalente al de Góngora. Estamos ante un cambio en los procedimientos poéticos de Lorca, que, con una evolución sutil, concentra los hallazgos anteriores. La misma ausencia de ruptura puede decirse de la temática que se aborda en el libro. En 1935, durante una conferencia en Barcelona lo explica así: «He elegido para leer con pequeños comentarios el *Romancero gitano* no sólo por ser mi obra más popular, sino porque indudablemente es la que hasta ahora tiene más unidad y es donde mi rostro poético aparece por vez primera con personalidad propia, virgen de contacto con otro poeta y definitivamente dibujado... El libro es un retablo

---

[3] *Federico García Lorca, Obras completas,* Aguilar, Madrid, 1974.

de Andalucía con gitanos, caballos, arcángeles, planetas, con su brisa judía, con su brisa romana, con ríos, con crímenes, con la nota vulgar del contrabandista, y la nota celeste de los niños desnudos de Córdoba que burlan a San Rafael. Un libro donde apenas si está expresada la Andalucía que se ve, pero donde está temblando la que no se ve. Y ahora lo voy a decir. Un libro anti-pintoresco, anti-folklórico, anti-flamenco. Donde no hay ni una chaquetilla corta ni un traje de torero, ni un sombrero plano, ni una pandereta, donde las figuras sirven a fondos milenarios y donde no hay más que un solo personaje que es la Pena que se filtra en el tuétano de los huesos y en la savia de los árboles, y que no tiene nada que ver con la melancolía ni con la nostalgia ni con ninguna aflicción o dolencia de ánimo, que es un sentimiento más celeste que terrestre; pena andaluza que es una lucha de la inteligencia amorosa con el misterio que la rodea y no puede comprender» [4].

Los gitanos y su mundo protagonizan el libro. Duende, cante flamenco y la línea purista del folklore andaluz en *Poema del cante jondo*, estallan ahora para formar un amplio corpus temático y referencial que alimenta todos los romances. Toros, reyertas, mitologías mediterráneas, vírgenes, santos, duende, alma, pena, sexo, muerte, tristeza, crean una materia mítica que funda un espacio sin tiempo, habitado por gitanos perseguidos y masacrados. Héroes milenarios fundidos con signos naturales, que el poeta actualiza en sus oponentes políticos y sociales: la Guardia Civil. El libro se abre a la épica como latidos entre la opresión y el horror, graduan-

[4] Op. cit.

do los núcleos narrativos de los poemas con desenlaces y comienzos bruscos, además de aceleraciones metafóricas y visionarias, para elevarse a una intensa sensación dramática de belleza y vacío.

Sin entrar en el comentario interno de los poemas, el libro ofrece en su argumento un dibujo nítido del pensamiento lorquiano. Los dos primeros, *Romance de la luna, luna* y *Preciosa y el aire*, presentan a la naturaleza a través de la mitología; la luna como bailarina mortal y el aire como sátiro en celo, expresan el «alma misma de Andalucía, lucha y drama del veneno de Oriente con la geometría y el equilibrio que impone lo romano, lo bético»[5]. En los dos siguientes, *Reyerta* y *Romance sonámbulo*, aparece la violencia sin causa que conduce a la muerte, y ésta actúa como imán del amor, destinado a la frustación y al suicidio. En los tres romances siguientes introduce lo femenino, la mujer como portadora de entregas indescifrables y una tristeza sin causa. *La monja gitana* y *La casada infiel* se cierran en *Romance de la pena negra*, donde Soledad Montoya pasa a ser «un ansia sin objeto, un amor agudo a nada, con una seguridad de que la muerte... está respirando detrás de la puerta»[6].

A continuación, con otros tres romances, el libro hace una pausa y se sitúa en lo abstracto. Aparecen los arcángeles de piedra que expresan el residuo mítico y cultural de lo andaluz en tres ciudades. «San Miguel rey del aire, que vuela sobre Granada, ciudad de torrentes y montañas. San Rafael, arcángel peregrino que vive en la *Biblia* y en el *Korán*, quizá más amigo de musulmanes que de cris-

---

[5] Op. cit.
[6] Op. cit.

tianos, que pesca en el río de Córdoba. San Gabriel Arcángel, anunciador, padre de la propaganda, que planta sus azucenas en la torre de Sevilla. Son las tres andalucías...»[7]. Lorca estrecha el desarrollo argumental para acentuar las notaciones de ambiente, que se vuelven herméticas con un fuerte desarrollo metafórico, en el límite de lo inteligible.

Los cinco últimos, si consideramos aparte los tres romances históricos que cierran el libro, se unen entre sí por el protagonismo masculino y las fuerzas del mal y destrucción que desatan. En un primer paso de violencia, la Guardia Civil detiene y encarcela a Antoñito el Camborio, «el único de todo el libro que me llama por mi nombre en el momento de su muerte. Gitano verdadero, incapaz del mal, como muchos que en estos momentos mueren de hambre por no vender su voz milenaria a los señores»[8]. El siguiente narra la muerte del Camborio y en el tercero aparece el Amargo, «ángel de la muerte y la desesperanza que guarda las puertas de Andalucía. Esta figura es una obsesión en mi obra poética»[9]. En el poema que viene a continuación, *El Emplazado*, el Amargo agoniza con el sufrimiento de quien sabe su final cercano. La escena trágica se ha convocado para el último y es ahora, *Romance de la Guardia Civil española*, cuando se recogen los presagios y muertes anteriores que concluyen en el aplastamiento del pueblo gitano.

Independizados del hilo argumental de los demás poemas, *Tres romances históricos* finalizan el libro. A partir de la tradición judeocristiana, relata

[7] Op. cit.
[8] Op. cit.
[9] Op. cit.

tres momentos de muerte en una Andalucía dilatada en el tiempo: Thamar es violada y muerta por su hermano Amnón; San Pedro y la Gracia y, finalmente, el martirio de Santa Eulalia en Mérida en el siglo IV.

III

Con una obra poética amplia, abierta a la prosa y que había encontrado ya en el teatro una voz poderosa e innovadora, nuestro autor comienza en 1934, después de la muerte del torero, la escritura de *Llanto por Ignacio Sánchez Mejías*. Aunque no en el orden de edición, era su octavo libro de poemas, fue escrito en menos de tres meses y desde su publicación en mayo de 1935 por *Ediciones del Arbol*, en la colección *Cruz y Maya* que dirigía José Bergamín, fue considerado por la crítica como la obra maestra de la poesía de Lorca.

Si aceptamos la división que Miguel García-Posada[10] hace de la producción poética de Lorca en dos etapas, divididas por «el período neoyorquino, por ser éste el momento más intenso de la creación lorquiana y el de mayor fecundidad», se observa como en *Poeta en Nueva York*, escrito en 1929-30, se produce una depuración de la trayectoria anterior, a la vez que Lorca introduce una intensificación de su pesimismo cosmovisionario: «Enlazando con la protesta y el desgarrón doliente del *Libro de poemas*, Lorca alumbra estos poemas traspasados por el dolor, la cólera y la revuelta. Nace ahora el verso libre, y la poesía lorquiana, sin abandonar

[10] *F. García Lorca, Poesía, 2, Obras II*, Madrid, 1982.

su metaforismo, se hace mucho más simbólica y, dotada de una grandiosidad única, adquiere una cosmicidad, una apertura hacia todas las zonas de la realidad, hasta el momento contenida, aunque alumbrada, sí, en fogonazos fulgurantes, que ahora son ya un incendio. La cosecha poética americana es impresionante por su fecundidad y calidad, y el poeta se sintió siempre justamente orgulloso de ella. Y será ya una referencia ineludible a su regreso de América, durante los seis últimos años de su vida. El período posneoyorquino —¿por qué no llamarlo así?— es menos fecundo, en el sentido relativo que el término tiene en Lorca, claro está, porque el poeta dedica una atención mayor al teatro. Las dos colecciones de esta fase, el *Diwán* y los *Sonetos* —lo que conocemos de ellos—, presentan una tendencia deliberada, pero no exclusiva, a una poesía intimista, fuertemente erótica»[11].

Se trata de una explicación sugerente. En esta segunda etapa la poesía no avanza, pero tampoco se repite, al contrario, se condensa. La poesía ha entrado en una relación de dialogismo de temas y formas con su teatro. Quizás no sea excesivo pensar que el teatro de Lorca funciona en esta etapa como un architexto. A esta voluntad de resumen y condensación responden *Diván del Tamarit*, *Seis poemas galegos* y lo mismo debe decirse del *Llanto*, que tiene una estructura calculada de forma minuciosa para realizar, a partir de las propias obsesiones del poeta, una elegía de la muerte del torero, quien, por su personalidad y dramática agonía, había causado general conmoción. Ignacio Sánchez Mejías fue un torero popular en su época, aprecia-

[11] Op. Cit.

do por su valentía y estilo arriesgado, aunque sin llegar a la fama y calidad de su cuñado Joselito o de Juan Belmonte. Había comenzado su carrera como banderillero, pasando a matador de la mano de Fermín Muñoz *Corchaito*, a quien vio morir en la plaza de Cartagena en 1914. Torero de graves cornadas, basaba el ejercicio en su fortaleza y facultades, así como en cierto distanciamiento del miedo y el peligro. «Había visto la vida en sus fuentes más puras y reales —arterias rotas, desviceraciones, cornadas terribles— y por esta causa se colocaba un poco en el quicio de todas las cosas, en ese centro de gravedad forzada sobre el que pesa todo, y en el que las puertas más monumentales giran fáciles como veletas. Su superioridad vital agobiaba y su dominio de quien lo había puesto todo muchas veces en juego definitivo, y se le importaba un bledo esto, aquello, lo otro y la vida. Llegó a perder los horizontes interiores y así iba de perdido hacia ese abismo del desear algo que él mismo no sabía lo que era»[12].

La cita de Romero Murube se refiere a sus propias cogidas y a las muertes que toreando presenció, especialmente la de su cuñado, Joselito el Gallo, en Talavera, al que acompañaba en el cartel. Resalta más, sin embargo, la descripción que hace de su personalidad, aludiendo a su condición de intelectual y escritor. Sánchez Mejías fue amigo de Ortega, Valle-Inclán, José Bergamín y frecuentó especialmente a los poetas del 27, a quienes sufragó los gastos de las sesiones de homenaje a Góngora en Sevilla y Madrid. Después de retirarse de los toros

[12] Joaquín Romero Murube, *Sevilla en los labios*, Barcelona, 1943.

Sánchez Mejías escribió artículos, intervino como actor en la filmación de *La Malquerida* de Benavente y escribió tres obras de teatro de parcial aceptación. Separado de su esposa, vivía con la famosa cantante y bailarina Encarnación López Júlvez, *la Argentinita*. Lorca había tratado con frecuencia a los dos y durante su estancia en Nueva York hizo la presentación de Sánchez Mejías, que estaba también en esa ciudad para pronunciar una conferencia de tema taurino, «El pase de la muerte». Asimismo, torero y poeta prepararon en 1932 un espectáculo teatral donde se escenificaban letras y canciones populares. Marcelle Auclair, escritora francesa que conoció a ambos ha comentado que Lorca «admiraba en Sánchez Mejías al hombre capaz de hacer de su vida un duelo leal, pero loco, con el amor y la muerte, una fiesta gigantesca»[13].

En 1934 Sánchez Mejías decide, después de diez años de inactividad, volver a los ruedos. Lorca comentó: «Ignacio acaba de anunciarme su propia muerte: vuelve a torear». Reapareció en Manzanares el 11 de Agosto sustituyendo a Domingo Ortega, y al citar al toro desde el estribo fue corneado gravemente. En la enfermería de la plaza se le realizó una intervención de urgencia y fue trasladado a Madrid, donde dos días después moría por gangrena.

La respuesta de Lorca a la muerte del torero fue la escritura de un libro de poemas en donde una muerte concreta se objetiva en la muerte abstracta, metafísica. El hombre desaparece para convertirse en un héroe que juega su destino mitológico, y, a

---

[13] Marcelle, Auclair, *Enfances et mort de García Lorca*, Seuil, París, 1968. Biblioteca Era, México, 1972.

la vez, el autor narra su propia angustia y temor. Ello viene propiciado por la composición —elegía— que escoge el poeta, que, a la transformación del torero en héroe para ser cantado, le permite añadir su propia voz como un elemento poético explícito. Se trata de una elegía funeraria, con sus cuatro partes clásicas como lamento fúnebre, a la que, con gesto que une vanguardismo y tradición, designa *Llanto*, traducción del sentido de la voz griega.

En la primera parte, *La cogida y la muerte*, se comprime el tiempo de lo relatado, dos días, en un instante: «*A las cinco de la tarde*», que es el de la muerte en el poema. La mitad de la composición será lamento ritual que va disolviendo el horror y graduando las notaciones de ambiente hasta llegar al final en que, con la ruptura del paralelismo, culminan narrativamente ambas series: «*el gentío rompía las ventanas*», «*terribles cinco*» y «*cinco en sombra*». Con endecasílabos y octosílabos se forma una estructura de paralelismo perfecto del verso 3 al 30 y del 33 al 48. Los dos primeros se repiten irregulares en los versos 31 y 32 que cierran la estrofa medial y en los cuatro últimos, fusionando ambas series.

En *La sangre derramada* se intensifica la expresión del absurdo ante la muerte que, si en la primera parte estaba presente desde el comienzo de la corrida, ahora se manifiesta al revés, el muerto continúa con cierta forma de vida horrible y angustiada. El muerto sube por las gradas de la plaza buscándose y lo que encuentra es su propia sangre, derramada por la tierra «como una larga, oscura, triste lengua». La vida se pone en juego en un ritual mitológico y cruento y los toros de Guisando, muerte ancestral, protestan del sacrificio inútil. El papel principal lo asume el estribillo, repitiendo, con voz horrorizada, que no quiere ver aquello que el poeta presenta como metonimia, y tampoco la absurda complicidad en el rito taurino de la muerte y la multitud sedienta. Todo el poema mantiene la regularidad octosilábica, excepto rupturas en decasílabos y la culminación narrativa en la serie final en versos de once sílabas. M. García-Posada hace notar el valor métrico sorprendente que ofrecen los espacios en blanco interestróficos, «que nunca son gratuitos, poseen aquí no sólo la función de marcar las lindes entre series estróficas, sino también la de señalar silencios *significantes*. Tal acontece en los vs. 53-66 en que estos silencios envuelven el patético grito del estribillo»[14].

En el tercer poema crece el tono reflexivo con una meditación sobre los valores de la vida ante el fin de las cosas. La piedra, que es la forma de vida más muerta, se describe en un complejo campo semántico que sustituye a la sangre del segundo poema. El poeta habla consigo mismo en tono que se va haciendo alto y sombrío, utilizando versos alejandrinos blancos. Se compone de once cuartetos y un quinteto en el que el verso primero (v. 171) se convierte en un eje de simetría de las dos partes en que quedaría dividido: 24 + 1 + 24. El poema acumula otra lectura sobre ésta por medio del espacio en blanco significativo que separa los tres primeros cuartetos del resto y subordina su significación: son las estrofas dedicadas a la definición de la piedra y crean el contexto de piedra-muerte-eternidad.

El cuarto poema, *Alma ausente*, que va a cerrar el libro, se estructura también guardando simetría

---

[14] Op. cit.

narrativa. A cuatro cuartetos de versos blancos de once sílabas, con un estribillo eneasílabo, sucede un quinteto de alejandrinos blancos que puede perder el primer verso, resultando un cuarteto que se añade en lo que narra al último cuarteto también en alejandrinos blancos. El verso separado del quinteto recoge y cierra lo narrado en los cuatro cuartetos anteriores, «*No te conoce nadie. No*», y abre el relato a otra materia: «*Pero yo te canto*». La oración fúnebre se cierra sobre sí misma afirmando el triunfo en la poesía y en el poeta de la personalidad humana del torero, y ello contra la muerte y el olvido, en un final remansado y majestuoso. Lorca realiza en los cuatro poemas del libro un movimiento complicado que es índice del control que tenía sobre los materiales. En los dos primeros su mirada se concentra hacia un punto del exterior —la cogida, la muerte, la sangre— alcanzando una cumbre de horror y absurdo. Después, su mirada se va replegando hacia un punto vacío de su interior, ensimismado, donde solo vive el recuerdo. Si en Lorca la poesía es una metáfora de la vida, este libro se convierte en una elegía de su propia obra poética.

IV

El texto que publicamos sigue la edición realizada por Miguel García-Posada en *Federico García Lorca. Obras II, Poesía 2. Madrid, 1982.* Además de las explicaciones innovadoras sobre la literatura lorquiana que el especialista propone en el marco de unas *Obras Completas,* el texto que edita aborda de forma metódica los problemas entre autógrafos y primeras impresiones, ofreciendo respuestas y observaciones en algunos casos de forma definitiva. También tenemos en cuenta las ediciones de Allen Josephs y Juan Caballero, *Poema del cante jondo. Romancero gitano,* Madrid, 1983, y la de M. Hernández, *Obras de Federico García Lorca,* Madrid, 1981 y ss. Así mismo se incorporan comentarios y notas nuevas.

FRANCISCO ALONSO

OBRAS DE FEDERICO GARCÍA LORCA

Libros de poesía

Libro de poemas (1918-1920), Madrid, Maroto, 1921.

Canciones (1921-1924), Málaga, Litoral, 1927.

Primer romancero gitano (1924-1927), Madrid, Revista de Occidente, 1928.

Poema del cante jondo (1921), Madrid, C.I.A.P., Ulises, 1931.

Llanto por Ignacio Sánchez Mejías (1934), Madrid, Ediciones del Árbol, *Cruz y Raya*, 1935.

Seis poemas galegos (1932-1934), Santiago de Compostela, Nós, 1935.

Primeras canciones (1922), Madrid, Héroe, 1936.

Poeta en Nueva York (1929-1930), México, Ediciones Séneca, 1940 (fecha oficial de terminación: 15 de junio).

The Poet in New York and other poems of F.G.L. The Spanish Text *with an English translation by Rolfe Humphries*, Norton, New York, 1940 (fecha oficial de terminación: 24 de mayo).

Diván del Tamarit (1931-1934), *Revista Hispánica Moderna*, Nueva York, 1940.

Prosa

Impresiones y paisajes (1917-1918), Granada, Imp. Paulino Ventura, 1918.

Obras dramáticas

El maleficio de la mariposa (1920), Madrid, Aguilar, 1954.

Mariana Pineda (1927), Madrid, La Farsa, 1928.

Los títeres de Cachiporra. Tragicomedia de don Cristóbal y la señá Rosita (después de 1923), *Raíz*, Facultad de F. y Letras, 1948-49.

Amor de don Perlimplín con Belisa en su jardín (Aleluya erótica), 1923-33, Buenos Aires, Losada, 1938-1942.

La zapatera prodigiosa (1930), O. C., Losada.

El público (1930). Fragmentos en *Los cuatro vientos* (1933). Texto de R. Martínez Nadal, en *Autógrafos*, II, cit., 1976.

Así que pasen cinco años (1931-1936). *Hora de España*, Valencia, 1937 (una escena); O. C., Losada.

Retablillo de don Cristóbal (1931), Valencia, Comisariado General de Guerra, 1938.

Bodas de sangre (1933), Cruz y Raya, Madrid, 1936.

Yerma (1934), O. C., Losada.

Comedia sin título (1935), publicada por M. Laffranque, «F. G. L.: Une pièce inachevée», *Bulletin Hispanique*, t. LXXVIII, núms. 3-4, julio-diciembre 1976, pp. 349-372.

Doña Rosita la soltera o El lenguaje de las flores (1935), O. C., Losada.

La casa de Bernarda Alba (1936), O. C., Losada.
El público. Comedia sin título, Barcelona, Seix
    Barral, 1978 (con estudio de M. Laffranque).
Lola la comedianta, Madrid, Alianza, 1981.
*La niña que riega la albahaca y el príncipe pregun-
    tón,* Rev. Títere, 1982.

Conferencias

«El cante jondo. Primitivo canto andaluz». Grana-
    da, 1922.
«La imagen poética de don Luis de Góngora». Gra-
    nada, 1926.
«Homenaje a Soto de Rojas». Granada, 1926.
«Imaginación, inspiración y evasión». Granada,
    1928.
«Sketch de la nueva pintura». Granada, 1928.
«Las nanas infantiles». Madrid, 1928.
«Cómo canta una ciudad de noviembre a noviem-
    bre». Buenos Aires, 1933.
«Juego y teoría del duende». Buenos Aires, 1933.
«Conferencia-recital sobre *Poeta en Nueva York*»,
    Madrid, 1932.
«Elegía a María Blanchard». Madrid, 1932.
«Conferencia sobre el *Romancero gitano*». Madrid,
    1935.
«Charla sobre teatro». Madrid, 1935.

Otras prosas

«Granada (Paraíso cerrado para muchos)».
«Semana Santa en Granada», 1936.

Diversos artículos, notas y alocuciones, recogidos en O. C. Aguilar.

«Sol y sombra» (1930), poema en prosa destinado a una *Tauromaquia*.

Cartas (más de doscientas) dirigidas a amigos y familiares.

Declaraciones y entrevistas, recogidas en O. C.

CRONOLOGÍA

1898. Federico García Lorca nace el 5 de junio en Fuente Vaqueros, Granada, hijo de un agricultor y propietario, Federico García Rodríguez, y de Vicenta Lorca, maestra nacional excedente. Durante la infancia estudiará con su madre en casa y con un maestro nacional, Antonio Rodríguez Espinosa. La familia se traslada a Asquerosa, pueblo cercano a Fuente Vaqueros, que hoy lleva el nombre de Valderrubios.

1908. Inicia sus estudios de bachillerato y se traslada a Granada con su familia.

1915. Obtiene el título de bachiller e inicia Letras y Derecho en la universidad de Granada, donde conoce a jóvenes intelectuales como Manuel Ángeles Ortiz, Antonio Gallego Burín, Melchor Fernández Almagro, etc.

1916. Muerte de su profesor de música, Antonio Segura Mesa; ello supondrá una paralización de sus estudios musicales. Durante una excursión arqueológica con el profesor Martín Domínguez Berrueta, conoce en Baeza a Antonio Machado.

1917. A finales de año comienza a escribir poesía; aparecen sus dos primeros trabajos en prosa: «Divagación. Las reglas de la música» y «Fantasía simbólica».

1918. Aparece en Granada *Impresiones y paisajes,* su primer libro.

1919. Se traslada a Madrid, a la Residencia de Estudiantes, aunque viajará con frecuencia a Granada. Conoce a José Moreno Villa, Gregorio Martínez Sierra, Juan Ramón Jiménez, Luis Buñuel.

1920. Su primer estreno teatral, *El maleficio de la mariposa,* se resuelve en fracaso.

1921. Publica *Libro de poemas,* y entre noviembre y enero del año siguiente escribe casi en su totalidad el *Poema del cante jondo,* alternando después las *Suites* y las *Canciones.*

1922. En el Centro Artístico de Granada lee su conferencia «El cante jondo. Primitivo canto andaluz».

1923. Fiesta infantil en Granada, que preparan Falla y Lorca; hay en el programa una pieza de guiñol, *La niña que riega la albahaca y el príncipe preguntón,* de Lorca. En otoño conoce a Salvador Dalí.

1924. Colabora con Falla en una «operita»: *Lola, la comedianta.* Empieza a escribir *Romancero gitano* y *Amor de don Perlimplín.*

1926. Conferencia en Granada «La imagen poética de don Luis de Góngora».

1927. Estancia en Cataluña en mayo-junio. Publica *Canciones* y estrena Mariana Pineda en Barcelona y Madrid. Conoce a Vicente Aleixandre, y en un viaje a Sevilla a Luis Cernuda, Joaquín Romero Murube, etc.

1928. Publicación del *Romancero gitano* y de *Mariana Pineda.*
    La acogida del *Romancero* deprime a Lorca: sus compañeros vieron en el libro el fin de

un poeta vanguardista; críticas peyorativas de Dalí y Buñuel (éste escribía a Dalí que el libro le «parece malo, muy malo»).

1929. Prohibida la representación de *Amor de don Perlimplín* por la dictadura primorriverista. En junio Lorca sale hacia Nueva York en compañía de Fernando de los Ríos, pasando fugazmente por París, Londres y Oxford. Se matricula en la Columbia University, en cursos de inglés para extranjeros, y redacta *Poeta en Nueva York*, algunos sonetos, un guión cinematográfico, *Viaje a la luna*.

1930. A primeros de marzo va a Cuba donde estará más de tres meses. Conoce a Lezama Lima, a Juan Marinello y otros escritores cubanos. De regreso a España, pasa por Nueva York en junio, escribiendo el día 15 de ese mes la «Oda a Walt Whitman». A finales de verano concluye *El público* y hace lecturas privadas de los poemas neoyorquinos. En diciembre estrena *La zapatera prodigiosa*.

1931. 14 de abril: proclamación de la II República. Celebraciones populares y callejeras en las que participa Lorca. Aparece el *Poema del cante jondo*, y pasa algún tiempo en Galicia.

1932. El Ministerio de Instrucción Pública aprueba la formación de La Barraca, que dará sus primeras representaciones en verano. Nueva estancia en Galicia en otoño: *Seis poemas galegos*.

1933. Estreno de *Bodas de sangre* en marzo; en abril, de *La zapatera prodigiosa* y de *Amor de don Perlimplín*. En octubre viaja a América del Sur, visitando Argentina y Uruguay dando conferencias y asistiendo a representaciones de obras suyas como *Mariana Pineda, La zapatera prodigiosa, Bodas de sangre.*

1934. En agosto muere en la plaza de toros de Madrid Ignacio Sánchez Mejías, origen del *Llanto,* que escribirá en otoño. A finales de diciembre Margarita Xirgu estrena *Yerma,* rechazada y criticada por la prensa derechista.

1935. Aparece en mayo el *Llanto por Ignacio Sánchez Mejías,* mientras se reestrenan otras obras teatrales como *Bodas de Sangre* y *La zapatera prodigiosa.* Aparece publicado por la editorial Nós de Santiago *Seis poemas galegos.*

1936. Aparecen *Primeras canciones y Bodas de sangre.* Lorca interviene en actos de propaganda a favor del Frente Popular. El 19 de junio concluye *La casa de Bernarda Alba.* Del 10 al 12 de julio deja sobre la mesa del director de *Cruz y Raya,* José Bergamín, un manuscrito de *Poeta en Nueva York* con una breve nota. El día 13 de ese mes sale para Granada. El 17 de julio se produce la sublevación militar contra la República. A las pocas semanas, y ante las amenazas, Lorca se instala en casa del poeta Luis Rosales (día 9). El día 16 Lorca es detenido por fuerzas adictas a la sublevación militar; en esa misma fecha es fusilado el alcalde socialista de la ciudad, Manuel Fernández Montesinos, cuñado del poeta. Tres días más tarde, o al día siguiente, según otras versiones Federico García Lorca es asesinado al amanecer junto a dos banderilleros, Joaquín Arcollas Cabezas y Francisco Galadí Mergal, y un maestro nacional: Dióscoro Galindo González. Sus restos deben hallarse al parecer al pie de uno de los olivos del lugar, en la carretera de Víznar a Alfácar.

1954. Se inicia la publicación de *Obra completas,* preparada por Arturo del Hoyo, que pretenden ampliar las primeras, hechas a partir de 1938 por Guillermo de Torre.

1976. Edición de *El Público,* por Rafael Martínez Nadal.

1980. Primera edición depurada de *Obras completa* a cargo de Miguel García-Posada.

1981. Se inicia la edición crítica de la poesía. Publicación de *Suites,* 1982.

1983. Se publican los *Sonetos del amor oscuro,* en edición sin pie de imprenta, lugar ni fecha. La revista «Tele-radio» los reedita en diciembre de 1983, enero de 1984, con una presentación sin firma [Mauro Armiño]. Edición definitiva de Miguel García-Posada, en ABC, marzo de 1984.

PRIMER ROMANCERO GITANO

(1924-1927)

Se publicó en Madrid, Revista de Occidente, en 1928, con el título en la portada de *Primer romancero gitano*, sin embargo, en la cubierta aparece *Romancero gitano* junto a un dibujo del propio Lorca. Desde entonces ambos títulos se han repetido en las diferentes ediciones, pensándose que la reducción que hizo el autor del título en la cubierta obedeció a criterios de composición espacial con el dibujo que preparó.

PRIMER ROMANCERO GITANO

(1924-1927)

1

ROMANCE DE LA LUNA, LUNA

A CONCHITA GARCÍA LORCA

LA LUNA vino a la fragua
con su polisón de nardos.
El niño la mira mira.
El niño la está mirando.
5   En el aire conmovido
mueve la luna sus brazos
y enseña, lúbrica y pura,
sus senos de duro estaño.
Huye luna, luna, luna.

Se publicó en 1923 en la revista *Proa* de Buenos Aires. En España se publicó por primera vez en *El Norte de Castilla*, el 9 de abril de 1926.

1. La diosa romana de la luna era una adaptación de la diosa griega Selene, joven de gran hermosura que recorría el cielo en un carro tirado por caballos. Era invocada en los ritos amorosos de fecundación y parto y en general en la magia del amor. La luna como símbolo del amor se convierte en la poesía de Lorca en un paragrama.

2. Almohadilla que se ponían las mujeres sujeta a la cintura para ahuecar la falda por detrás.

10   Si vinieran los gitanos,
        harían con tu corazón
        collares y anillos blancos.
        Niño, déjame que baile.
        Cuando vengan los gitanos,
15   te encontrarán sobre el yunque
        con los ojillos cerrados.
        Huye luna, luna, luna,
        que ya siento sus caballos.
        Niño, déjame, no pises
20   mi blancor almidonado.

        El jinete se acercaba
        tocando el tambor del llano.
        Dentro de la fragua el niño,
        tiene los ojos cerrados.
25   Por el olivar venían,
        bronce y sueño, los gitanos.
        Las cabezas levantadas
        y los ojos entornados.
        Cómo canta la zumaya,
30   ¡ay cómo canta en el árbol!
        Por el cielo va la luna
        con un niño de la mano.

26. *Fraguas, collares y anillos blancos, yunque, bronce:* en el poema se describe a los gitanos como raza errante que se dedica a las artes de la herrería. En la etnología y la antropología las artes de la herrería van siempre unidas a la música y a la magia.

Dentro de la fragua lloran,
dando gritos, los gitanos.
35   El aire la vela vela.
El aire la está velando.

---

35. M. García-Posada, basándose en el poema autógrafo, corrige en su edición la primera de *Revista de Occidente,* eliminando la coma, *El aire la vela vela,* y obtiene, además, una puntuación equivalente a la del v.3.

2

PRECIOSA Y EL AIRE

A DÁMASO ALONSO

SU LUNA de pergamino
Preciosa tocando viene,
por un anfibio sendero
de cristales y laureles.
5   El silencio sin estrellas,
huyendo del sonsonete,
cae donde el mar bate y canta
su noche llena de peces.
En los picos de la sierra
10 los carabineros duermen
guardando las blancas torres
donde viven los ingleses.
Y los gitanos del agua
levantan por distraerse,
15 glorietas de caracolas
y ramas de pino verde.

Se publicó en la revista *Litoral*, núm 1, en noviembre de 1926.
2. Se ha señalado la relación con el personaje principal de la novela de Cervantes *La Gitanilla*.

* * *

Su luna de pergamino
Preciosa tocando viene.
Al verla se ha levantado
20   el viento, que nunca duerme.
San Cristobalón desnudo,
lleno de lenguas celestes,
mira a la niña tocando
una dulce gaita ausente.

25   Niña, deja que levante
tu vestido para verte.
Abre en mis dedos antiguos
la rosa azul de tu vientre.
Preciosa tira el pandero
30   y corre sin detenerse.
El viento-hombrón la persigue
con una espada caliente.

Frunce su rumor el mar.
Los olivos palidecen.
35   Cantan las flautas de umbría
y el liso gong de la nieve.

¡Preciosa, corre, Preciosa,
que te coge el viento verde!

28. En algunas mitologías se atribuye al viento poderes mágicos y de fecundación: «Los órficos dicen que la Noche de alas negras... fue cortejada por el Viento y puso un huevo de plata en el seno de la Oscuridad y que de este huevo salió Eros y puso en movimiento el Universo». Robert Graves, *Los mitos griegos*, Ariel, Barcelona, 1984.

¡Preciosa, corre, Preciosa!
40 ¡Míralo por dónde viene!
Sátiro de estrellas bajas
con sus lenguas relucientes.

* * *

Preciosa, llena de miedo,
entra en la casa que tiene
45 más arriba de los pinos,
el cónsul de los ingleses.

Asustados por los gritos
tres carabineros vienen,
sus negras capas ceñidas
50 y los gorros en las sienes.

El inglés da a la gitana
un vaso de tibia leche,
y una copa de ginebra
que Preciosa no se bebe.

55 Y mientras cuenta, llorando,
su aventura a aquella gente,
en las tejas de pizarra
el viento, furioso, muerde.

40. Josephs y Caballero señalan en su edición del libro,
Madrid, 1983, que el verso está sacado de una saeta tradi-
cional: *Míralo por onde viene / agobiao por er doló /
chorreando por la siene / gota e sangre y suor.*

3

REYERTA

A Rafael Méndez

En la mitad del barranco
las navajas de Albacete
bellas de sangre contraria,
relucen como los peces.
5   Una dura luz de naipe
recorta en el agrio verde,
caballos enfurecidos
y perfiles de jinetes.
En la copa de un olivo
10   lloran dos viejas mujeres.
El toro de la reyerta
se sube por las paredes.
Ángeles negros traían
pañuelos y agua de nieve.

Se publicó con el título «Reyerta de mozos» en *La Verdad*, num 59, 10 de octubre de 1926. Como «Reyerta de gitanos» se publicó en junio de 1927 en *L'Amic de les Arts*, II, num. 15, que dirigían Dalí, Foix, Montanyá y Gasch.

3. *Contraria:* alusión a las frecuentes reyertas entre familias gitanas.

15   Ángeles con grandes alas
de navajas de Albacete.
Juan Antonio el de Montilla
rueda muerto la pendiente,
su cuerpo lleno de lirios
20   y una granada en las sienes.
Ahora monta cruz de fuego
carretera de la muerte.

* * *

El juez, con guardia civil,
por los olivares viene.
25   Sangre resbalada gime
muda canción de serpiente.
Señores guardias civiles:
aquí pasó lo de siempre.
Han muerto cuatro romanos
30   y cinco cartagineses.

* * *

La tarde loca de higueras
y de rumores calientes,
cae desmayada en los muslos
heridos de los jinetes.
35   Y ángeles negros volaban
por el aire de poniente.
Ángeles de largas trenzas
y corazones de aceite.

4

ROMANCE SONÁMBULO

A Gloria Giner
y
a Fernando de los Ríos

VERDE que te quiero verde.
Verde viento. Verdes ramas.
El barco sobre la mar
y el caballo en la montaña.
5   Con la sombra en la cintura,
ella sueña en su baranda
verde carne, pelo verde,
con ojos de fría plata.
Verde que te quiero verde.
10   Bajo la luna gitana,
las cosas la están mirando
y ella no puede mirarlas.

* * *

1. La bibliografía sobre el valor expresivo de *verde* es cuantiosa, ofreciendo por contraste que su significación radica en una ambigüedad polisémica. Alice M. Pollin en *Concordance to the Plays and Poems of Federico García Lorca*, Cornell University Pres, 1975, ha cuantificado la adjetivación en la poesía lorquiana: *verde y verdes* aparece 98 veces; *blanco y blancos* 78; *azul y azules* 70 veces.

Verde que te quiero verde.
Grandes estrellas de escarcha,
15   vienen con el pez de sombra
que abre el camino del alba.
La higuera frota su viento
con la lija de sus ramas,
y el monte, gato garduño,
20   eriza sus pitas agrias.
¿Pero quién vendrá? ¿Y por dónde...?
Ella sigue en su baranda
verde carne, pelo verde,
soñando en la mar amarga.

* * *

25   Compadre, quiero cambiar,
mi caballo por su casa,
mi montura por su espejo,
mi cuchillo por su manta.
Compadre, vengo sangrando,
30   desde los puertos de Cabra.
Si yo pudiera, mocito,
este trato se cerraba.
Pero yo ya no soy yo,
ni mi casa es ya mi casa.
35   Compadre, quiero morir
decentemente en mi cama.
De acero, si puede ser,
con las sábanas de holanda.

30. Serranía cerca de la ciudad de Cabra, que divide Córdoba y Granada.

¿No veis la herida que tengo
40 desde el pecho a la garganta?
Trescientas rosas morenas
lleva tu pechera blanca.
Tu sangre rezuma y huele
alrededor de tu faja.
45 Pero yo ya no soy yo.
Ni mi casa es ya mi casa.
Dejadme subir al menos
hasta las altas barandas,
¡dejadme subir!, dejadme
50 hasta las verdes barandas,
Barandales de la luna
por donde retumba el agua.

* * *

Ya suben los dos compadres
hacia las altas barandas.
55 Dejando un rastro de sangre.
Dejando un rastro de lágrimas.
Temblaban en los tejados
farolillos de hojalata.
Mil panderos de cristal,
60 herían la madrugada.

* * *

39. *Ves* en la primera edición. A. del Hoyo en su texto
corrige por *veis*, basándose en un autógrafo, que, de esta for-
ma, concuerda con *dejadme* en los vs. 47 y 49.
59. Se trata de una controvertida imagen: las estrellas
—cristal— hieren con su luz la noche, como lo haría el rui-
do de mil tambores.

Verde que te quiero verde,
verde viento, verdes ramas.
Los dos compadres subieron.
El largo viento, dejaba
65   en la boca un raro gusto
de hiel, de menta y de albahaca.
¡Compadre! ¿Dónde está, dime?
¿Dónde está tu niña amarga?
¡Cuántas veces te esperó!
70   ¡Cuántas veces te esperara
cara fresca, negro pelo,
en esta verde baranda!

* * *

Sobre el rostro del aljibe,
se mecía la gitana.
75   Verde carne, pelo verde,
con ojos de fría plata.
Un carámbano de luna,
la sostiene sobre el agua.
La noche se puso íntima
80   como una pequeña plaza.
Guardias civiles borrachos,
en la puerta golpeaban.
Verde que te quiero verde.
Verde viento. Verdes ramas.
85   El barco sobre la mar.
Y el caballo en la montaña.

---

77. *Carámbano:* Pedazo de hielo que queda colgando al congelarse el agua que gotea de algún lugar.

5

LA MONJA GITANA

A José Moreno Villa

SILENCIO de cal y mirto.
Malvas en las hierbas finas.
La monja borda alhelíes
sobre una tela pajiza.
5   Vuelan en la araña gris,
siete pájaros del prisma.
La iglesia gruñe a lo lejos
como un oso panza arriba.
¡Qué bien borda! ¡Con qué gracia!
10   Sobre la tela pajiza,
ella quisiera bordar
flores de su fantasía.
¡Qué girasol! ¡Qué magnolia
de lentejuelas y cintas!
15   ¡Qué azafranes y qué lunas,
en el mantel de la misa!
Cinco toronjas se endulzan
en la cercana cocina.

17. Pomelos, fruto semejante a una naranja grande, pero
con color y sabor más parecido al limón.

Las cinco llagas de Cristo
20   cortadas en Almería.
Por los ojos de la monja
galopan dos caballistas.
Un rumor último y sordo
le despega la camisa,
25   y al mirar nubes y montes
en las yertas lejanías,
se quiebra su corazón
de azúcar y yerbaluisa.
¡Oh!, qué llanura empinada
30   con veinte soles arriba.
¡Qué ríos puestos de pie
vislumbra su fantasía!
Pero sigue con sus flores,
mientras que de pie, en la brisa,
35   la luz juega el ajedrez
alto de la celosía.

6

LA CASADA INFIEL

A Lydia Cabrera y a su Negrita

Y QUE yo me la llevé al río
creyendo que era mozuela,
pero tenía marido.
Fue la noche de Santiago
5   y casi por compromiso.
Se apagaron los faroles
y se encendieron los grillos.
En las últimas esquinas
toqué sus pechos dormidos,
10   y se me abrieron de pronto
como ramos de jacintos.
El almidón de su enagua
me sonaba en el oído,
como una pieza de seda
15   rasgada por diez cuchillos.
Sin luz de plata en sus copas
los árboles han crecido

Se publicó en *Revista de Occidente*, XIX (enero de 1928).
2. *Mozuela:* soltera.

y un horizonte de perros
ladra muy lejos del río.

* * *

20 Pasadas las zarzamoras,
los juncos y los espinos,
bajo su mata de pelo
hice un hoyo sobre el limo.
Yo me quité la corbata.
25 Ella se quitó el vestido.
Yo el cinturón con revólver.
Ella sus cuatro corpiños.
Ni nardos ni caracolas
tienen el cutis tan fino,
30 ni los cristales con luna
relumbran con ese brillo.
Sus muslos se me escapaban
como peces sorprendidos,
la mitad llenos de lumbre,
35 la mitad llenos de frío.
Aquella noche corrí
el mejor de los caminos,
montado en potra de nácar
sin bridas y sin estribos.
40 No quiero decir, por hombre,
las cosas que ella me dijo.
La luz del entendimiento
me hace ser muy comedido.
Sucia de besos y arena
45 yo me la llevé del río.

Con el aire se batían
las espadas de los lirios.

Me porté como quien soy.
Como un gitano legítimo.
50 Le regalé un costurero
grande de raso pajizo,
y no quise enamorarme
porque teniendo marido
me dijo que era mozuela
55 cuando la llevaba al río.

50. En la edición de *Revista de Occidente*, «La regalé...»,
que M. García-Posada en su texto restituye a *«Le regalé...»*
que consta en el autógrafo.

7

ROMANCE DE LA PENA NEGRA

A José Navarro Pardo

LAS PIQUETAS de los gallos
cavan buscando la aurora,
cuando por el monte oscuro
baja Soledad Montoya.
5   Cobre amarillo, su carne,
huele a caballo y a sombra.
Yunques ahumados sus pechos,
gimen canciones redondas.
Soledad: ¿por quién preguntas
10 sin compaña y a estas horas?
Pregunte por quien pregunte,
dime; ¿a ti qué se te importa?
Vengo a buscar lo que busco,
mi alegría y mi persona.
15 Soledad de mis pesares,
caballo que se desboca,
al fin encuentra la mar
y se lo tragan las olas.

1-2. Josephs y Caballero, *op. cit.*, explican esta metáfora
a partir de los versos del *Poema de Mio Cid:* «*Apriessa can-
tan los gallos/e quieren crebar albores*».

No me recuerdes el mar
20 que la pena negra, brota
en las tierras de aceituna
bajo el rumor de las hojas.
¡Soledad, qué pena tienes!
¡Qué pena tan lastimosa!
25 Lloras zumo de limón
agrio de espera y de boca.
¡Qué pena tan grande! Corro
mi casa como una loca,
mis dos trenzas por el suelo
30 de la cocina a la alcoba.
¡Qué pena! Me estoy poniendo
de azabache, carne y ropa.
¡Ay mis camisas de hilo!
¡Ay mis muslos de amapola!
35 Soledad: lava tu cuerpo
con agua de las alondras,
y deja tu corazón
en paz, Soledad Montoya.

* * *

Por abajo canta el río:
volante de cielo y hojas.
Con flores de calabaza,
la nueva luz se corona.
¡Oh pena de los gitanos!
Pena limpia y siempre sola.
45 ¡Oh pena de cauce oculto
y madrugada remota!

8

SAN MIGUEL
(GRANADA)

A DIEGO BUIGAS DE DALMÁU

SE VEN desde las barandas,
por el monte, monte, monte,
mulos y sombras de mulos
cargados de girasoles.

5   Sus ojos en las umbrías
se empañan de inmensa noche.
En los recodos del aire,
cruje la aurora salobre.

Un cielo de mulos blancos
10   cierra sus ojos de azogue
dando a la quieta penumbra
un final de corazones.
Y el agua se pone fría
para que nadie la toque.
15   Agua loca y descubierta
por el monte, monte, monte.

Se publicó en *Litoral*, num. I (noviembre de 1926).

* * *

San Miguel lleno de encajes
en la alcoba de su torre,
enseña sus bellos muslos
20   ceñidos por los faroles.

Arcángel domesticado
en el gesto de las doce,
finge una cólera dulce
de plumas y ruiseñores.
25   San Miguel canta en los vidrios,
Efebo de tres mil noches,
fragante de agua colonia
y lejano de las flores.

* * *

El mar baila por la playa,
30   un poema de balcones.
Las orillas de la luna
pierden juncos, ganan voces.
Vienen manolas comiendo
semillas de girasoles,
35   los culos grandes y ocultos
como planetas de cobre.

19. Se refiere a la ermita de San Miguel en el Sacromon-
te. La estatua del santo, realizada por Bernardo Francisco
de Mora, tiene la cabeza adornada con plumas, el brazo de-
recho levantado y una túnica con faldón de encaje.

Vienen altos caballeros
y damas de triste porte,
morenas por la nostalgia
40   de un ayer de ruiseñores.
Y el obispo de Manila
ciego de azafrán y pobre,
dice misa con dos filos
para mujeres y hombres.

       * * *

45   San Miguel se estaba quieto
en la alcoba de su torre,
con las enaguas cuajadas
de espejitos y entredoses.

San Miguel, rey de los globos
50   y de los números nones,
en el primer berberisco
de gritos y miradores.

9

SAN RAFAEL
(CÓRDOBA)

A JUAN IZQUIERDO CROSELLES

COCHES cerrados llegaban
a las orillas de juncos
donde las ondas alisan
romano torso desnudo.
5   Coches, que el Guadalquivir
tiende en su cristal maduro,
entre láminas de flores
y resonancias de nublos.
Los niños tejen y cantan
10   el desengaño del mundo
cerca de los viejos coches
perdidos en el nocturno.
Pero Córdoba no tiembla
bajo el misterio confuso,
15   pues si la sombra levanta
la arquitectura del humo,
un pie de mármol afirma
su casto fulgor enjuto.

9. Se considera a San Rafael como el patrón protector de
los niños.

Pétalos de lata débil
20   recaman los grises puros
de la brisa, desplegada
sobre los arcos de triunfo.
Y mientras el puente sopla
diez rumores de Neptuno,
25   vendedores de tabaco
huyen por el roto muro.

II

Un solo pez en el agua
que a las dos Córdobas junta:
Blanda Córdoba de juncos.
30   Córdoba de arquitectura.
Niños de cara impasible
en la orilla se desnudan,
aprendices de Tobías
y Merlines de cintura,
35   para fastidiar al pez
en irónica pregunta
si quiere flores de vino
o saltos de media luna.
Pero el pez que dora el agua
40   y los mármoles enluta,
les da lección y equilibrio
de solitaria columna.
El Arcángel aljamiado
de lentejuelas oscuras,

23. Alusión al puente romano de Córdoba que tiene en su mitad una estatua grande de San Rafael.

45   en el mitin de las ondas
     buscaba rumor y cuna.

                    * * *

     Un solo pez en el agua.
     Dos Córdobas de hermosura.
     Córdoba quebraba en chorros.
50   Celeste Córdoba enjuta.

10

SAN GABRIEL
(SEVILLA)

A D. AGUSTÍN VIÑUALES

UN BELLO niño de junco,
anchos hombros, fino talle,
piel de nocturna manzana,
boca triste y ojos grandes,
5   nervio de plata caliente,
ronda la desierta calle.
Sus zapatos de charol
rompen las dalias del aire,
con los dos ritmos que cantan
10   breves lutos celestiales.
En la ribera del mar
no hay palma que se le iguale,
ni emperador coronado
ni lucero caminante.
15   Cuando la cabeza inclina
sobre su pecho de jaspe,
la noche busca llanuras
porque quiere arrodillarse.
Las guitarras suenan solas

20   para San Gabriel Arcángel,
      domador de palomillas
      y enemigo de los sauces.
      San Gabriel: El niño llora
      en el vientre de su madre.
25   No olvides que los gitanos
      te regalaron el traje.

                    II

      Anunciación de los Reyes
      bien lunada y mal vestida,
      abre la puerta al lucero
30   que por la calle venía.
      El Arcángel San Gabriel
      entre azucena y sonrisa,
      biznieto de la Giralda
      se acercaba de visita.
35   En su chaleco bordado
      grillos ocultos palpitan.
      Las estrellas de la noche,
      se volvieron campanillas.
      San Gabriel: Aquí me tienes
40   con tres clavos de alegría.
      Tu fulgor abre jazmines
      sobre mi cara encendida.
      Dios te salve, Anunciación.
      Morena de maravilla.
45   Tendrás un niño más bello
      que los tallos de la brisa.

¡Ay San Gabriel de mis ojos!
¡Gabrielillo de mi vida!
para sentarte yo sueño
50   un sillón de clavellinas.
Dios te salve, Anunciación,
bien lunada y mal vestida.
Tu niño tendrá en el pecho
un lunar y tres heridas.
55   ¡Ay San Gabriel que reluces!
¡Gabrielillo de mi vida!
En el fondo de mis pechos
ya nace la leche tibia.
Dios te salve, Anunciación.
60   Madre de cien dinastías.
Áridos lucen tus ojos.
paisajes de caballista.

* * *

El niño canta en el seno
de Anunciación sorprendida.
65   Tres balas de almendra verde
tiemblan en su vocecita.

Ya San Gabriel en el aire
por una escala subía.
Las estrellas de la noche
70   se volvieron siemprevivas.

11

PRENDIMIENTO DE ANTOÑITO EL CAMBORIO EN EL CAMINO DE SEVILLA

A MARGARITA XIRGU

ANTONIO Torres Heredia,
hijo y nieto de Camborios,
con una vara de mimbre
va a Sevilla a ver los toros.
5   Moreno de verde luna
anda despacio y garboso.
Sus empavonados bucles
le brillan entre los ojos.
A la mitad del camino
10 cortó limones redondos,
y los fue tirando al agua
hasta que la puso de oro.

Se publicó en *Litoral*, num. I (noviembre 1926).
5. Carlos Bousoño, en *Teoría de la expresión poética*, Madrid, 1976, detecta la influencia en estos versos de la primera época de Juan Ramón Jiménez: «*Morena de la luna eras tres veces bella... luna verde*».
7. *Empavonados:* oscuros y brillantes.

Y a la mitad del camino,
bajo las ramas de un olmo,
15   guardia civil caminera
lo llevó codo con codo.

* * *

El día se va despacio,
la tarde colgada a un hombro,
dando una larga torera
20   sobre el mar y los arroyos.
Las aceitunas aguardan
la noche de Capricornio,
y una corta brisa, ecuestre,
salta los montes de plomo.
35   Antonio Torres Heredia,
hijo y nieto de Camborios,
viene sin vara de mimbre
entre los cinco tricornios.
Antonio, ¿quién eres tú?
30   Si te llamaras Camborio,
hubieras hecho una fuente
de sangre con cinco chorros.
Ni tú eres hijo de nadie,
ni legítimo Camborio.
35   ¡Se acabaron los gitanos
que iban por el monte solos!
Están los viejos cuchillos,
tiritando bajo el polvo.

A las nueve de la noche
40   lo llevan al calabozo,

mientras los guardias civiles
beben limonada todos,
Y a las nueve de la noche
le cierran el calabozo,
45 mientras el cielo reluce
como la grupa de un potro.

12

MUERTE DE ANTOÑITO EL CAMBORIO

A JOSÉ ANTONIO RUBIO SACRISTÁN

VOCES de muerte sonaron
cerca del Guadalquivir.
Voces antiguas que cercan
voz de clavel varonil.
5   Les clavó sobre las botas
mordiscos de jabalí.
En la lucha daba saltos
jabonados de delfín.
Baño con sangre enemiga
10   su corbata carmesí,
pero eran cuatro puñales
y tuvo que sucumbir.
Cuando las estrellas clavan
rejones al agua gris,
15   cuando los erales sueñan
verónicas de alhelí,
voces de muerte sonaron
cerca del Guadalquivir.

15. *Erales:* terneros jóvenes que no pasan de dos años.

* * *

Antonio Torres Heredia,
20   Camborio de dura crin,
moreno de verde luna,
voz de clavel varonil:
¿Quién te ha quitado la vida
cerca del Guadalquivir?
25   Mis cuatro primos Heredias
hijos de Benamejí.
Lo que en otros no envidiaban,
ya lo envidiaban en mí.
Zapatos color corinto,
30   medallones de marfil,
y este cutis amasado
con aceituna y jazmín.
¡Ay Antoñito el Camborio
digno de una Emperatriz!
35   Acuérdate de la Virgen
porque te vas a morir.
¡Ay Federico García
llama a la Guardia Civil!
Ya mi talle se ha quebrado
40   como caña de maíz.

* * *

Tres golpes de sangre tuvo,
y se murió de perfil,
Viva moneda que nunca
se volverá a repetir.

45 Un ángel marchoso pone
    su cabeza en un cojín.
    Otros de rubor cansado,
    encendieron un candil.
    Y cuando los cuatro primos
50 llegan a Benamejí,
    voces de muerte cesaron
    cerca del Guadalquivir.

13

MUERTO DE AMOR

A MARGARITA MANSO

¿QUÉ es aquello que reluce
por los altos corredores?
Cierra la puerta, hijo mío,
acaban de dar las once.
5 En mis ojos, sin querer,
relumbran cuatro faroles.
Será que la gente aquella,
estará fregando el cobre.

* * *

Ajo de agónica plata
10 la luna menguante, pone
cabelleras amarillas
a las amarillas torres.
La noche llama temblando
al cristal de los balcones
15 perseguida por los mil
perros que no la conocen,

Se publicó en *Litoral*, nums. 5, 6 y 7 (octubre 1927).

y un olor de vino y ámbar
viene de los corredores.

* * *

Brisas de caña mojada
20   y rumor de viejas voces,
resonaban por el arco
roto de la media noche.
Bueyes y rosas dormían.
Sólo por los corredores
25   las cuatro luces clamaban
con el furor de San Jorge.
Tristes mujeres del valle
bajaban su sangre de hombre,
tranquila de flor cortada
30   y amarga de muslo joven.
Viejas mujeres del río
lloraban al pie del monte,
un minuto intransitable
de cabelleras y nombres.
35   Fachadas de cal, ponían
cuadrada y blanca la noche.
Serafines y gitanos
tocaban acordeones.
Madre, cuando yo me muera
40   que se enteren los señores.
Pon telegramas azules
que vayan del Sur al Norte.
Siete gritos, siete sangres,
siete adormideras dobles,

---

44. *Adormidera:* planta verde de la que se extrae el opio.

45 quebraron opacas lunas
    en los oscuros salones.
    Lleno de manos cortadas
    y coronitas de flores,
    el mar de los juramentos
50 resonaba, no sé donde.
    Y el cielo daba portazos
    al brusco rumor del bosque,
    mientras clamaban las luces
    en los altos corredores.

14

ROMANCE DEL EMPLAZADO

PARA EMILIO ALADRÉN

¡MI SOLEDAD sin descanso!
Ojos chicos de mi cuerpo
y grandes de mi caballo,
no se cierran por la noche
5   ni miran al otro lado
donde se aleja tranquilo
un sueño de trece barcos.
Sino que limpios y duros
escuderos desvelados,
10   mis ojos miran un norte
de metales y peñascos
donde mi cuerpo sin venas
consulta naipes helados.

* * *

Los densos bueyes del agua
15   embisten a los muchachos

Se publicó en *Carmen* (Santander), enero 1928.
14. Buey de agua: gran masa de agua que afluye con gran
fuerza creando remolinos.

que se bañan en las lunas
de sus cuernos ondulados.
Y los martillos cantaban
sobre los yunques sonámbulos,
20   el insomnio del jinete
y el insomnio del caballo.

* * *

El veinticinco de junio
le dijeron a el Amargo:
Ya puedes cortar si gustas
25   las adelfas de tu patio.
Pinta una cruz en la puerta
y pon tu nombre debajo,
porque cicutas y ortigas
nacerán en tu costado,
30   y agujas de cal mojada
te morderán los zapatos.
Será de noche, en lo oscuro,
por los montes imantados
donde los bueyes del agua
35   beben los juncos soñando.
Pide luces y campanas.
Aprende a cruzar las manos,
y gusta los aires fríos
de metales y peñascos.
40   Porque dentro de dos meses
yacerás amortajado.

* * *

75

Espadón de nebulosa
mueve en el aire Santiago.
Grave silencio, de espalda,
45   manaba el cielo combado.

* * *

El veinticinco de junio
abrió sus ojos Amargo,
y el veinticinco de agosto
se tendió para cerrarlos.
50   Hombres bajaban la calle
para ver al emplazado,
que fijaba sobre el muro
su soledad con descanso.
Y la sábana impecable,
55   de duro acento romano,
daba equilibrio a la muerte
con las rectas de sus paños.

43. El día de Santiago, 25 de julio, se ha cumplido ya la mitad de la fúnebre predicción.

15

ROMANCE DE LA GUARDIA CIVIL ESPAÑOLA

A JUAN GUERRERO.
Cónsul general de la poesía

LOS CABALLOS negros son.
Las herraduras son negras.
Sobre las capas relucen
manchas de tinta y de cera.
5   Tienen, por eso no lloran,
de plomo las calaveras.
Con el alma de charol
vienen por la carretera.
Jorobados y nocturnos,
10   por donde animan ordenan
silencios de goma oscura
y miedos de fina arena.
Pasan, si quieren pasar,
y ocultan en la cabeza
15   una vaga astronomía
de pistolas inconcretas.

* * *

9. A partir de este verso y de este poema, Carlos Bou-soño establece, *op. cit,* el mecanismo poético de la *sugeren-cia irracionalista* que subyace en todo este libro.

¡Oh ciudad de los gitanos!
En las esquinas banderas.
La luna y la calabaza
20   con las guindas en conserva.
¡Oh ciudad de los gitanos!
¿Quién te vio y no te recuerda?
Ciudad de dolor y almizcle,
con las torres de canela.

* * *

25   Cuando llegaba la noche
noche que noche nochera,
los gitanos en sus fraguas
forjaban soles y flechas.
Un caballo malherido,
30   llamaba a todas las puertas.
Gallos de vidrio cantaban
por Jerez de la Frontera.
El viento, vuelve desnudo
la esquina de la sorpresa,
35   en la noche platinoche
noche, que noche nochera.

* * *

La Virgen y San José
perdieron sus castañuelas,
y buscan a los gitanos
40   para ver si las encuentran.
La Virgen viene vestida
con un traje de alcaldesa

de papel de chocolate
con los collares de almendras.
45 San José mueve los brazos
bajo una capa de seda.
Detrás va Pedro Domecq
con tres sultanes de Persia.
La media luna, soñaba
50 un éxtasis de cigüeña.
Estandares y faroles
invaden las azoteas.
Por los espejos sollozan
bailarinas sin caderas.
55 Agua y sombra, sombra y agua
por Jerez de la Frontera.

* * *

¡Oh ciudad de los gitanos!
En las esquinas banderas.
Apaga tus verdes luces
60 que viene la benemérita.
¡Oh ciudad de los gitanos!
¿Quién te vio y no te recuerda?

62. En una carta a Jorge Guillén, 8-11-1926, Lorca ofre-
ce una idea de la planificación argumental del poema y la épi-
ca que atribuía a la guardia civil: «Hasta aquí llevo hecho.
Ahora llega la guardia civil y destruye la ciudad. Luego se
van los guardias al cuartel y allí brindan con anís Cazalla
por la muerte de los gitanos. Las escenas del saqueo serán
preciosas. A veces, sin que se sepa por qué, se convertirán
en centuriones romanos. Este romance será larguísimo pero
de los mejores. La apoteosis final de la guardia civil es
emocionante».

Dejadla lejos del mar
sin peines para sus crenchas.

* * *

65 Avanzan de dos en fondo
a la ciudad de la fiesta.
Un rumor de siemprevivas,
invade las cartucheras.
Avanzan de dos en fondo.
70 Doble nocturno de tela.
El cielo, se les antoja,
una vitrina de espuelas.

* * *

La ciudad libre de miedo,
multiplicaba sus puertas.
75 Cuarenta guardias civiles
entran a saco por ellas.
Los relojes se pararon,
y el coñac de las botellas
se disfrazó de noviembre
80 para no infundir sospechas.
Un vuelo de gritos largos
se levantó en las veletas.
Los sables cortan las brisas
que los cascos atropellan.
85 Por las calles de penumbra,
huyen las gitanas viejas
con los caballos dormidos
y las orzas de monedas.

Por las calles empinadas
90 suben las capas siniestras,
dejando detrás fugaces
remolinos de tijeras.
En el Portal de Belén,
los gitanos se congregan.
95 San José, lleno de heridas,
amortaja a una doncella.
Tercos fusiles agudos
por toda la noche suenan.
La Virgen cura a los niños
100 con salivilla de estrella.
Pero la Guardia Civil
avanza sembrando hogueras,
donde joven y desnuda
la imaginación se quema.
105 Rosa la de los Camborios,
gime sentada en su puerta
con sus dos pechos cortados
puestos en una bandeja.
Y otras muchachas corrían
110 perseguidas por sus trenzas,
en un aire donde estallan
rosas de pólvora negra.
Cuando todos los tejados
eran surcos en la tierra,
115 el alba meció sus hombros
en largo perfil de piedra.

107. Alusión a Salomé y la cabeza de S. Juan Bautista,
atribuyendo el papel de los centuriones romanos a la guar-
dia civil, anticipando el v. 50 del romance siguiente.

* * *

¡Oh ciudad de los gitanos!
la Guardia Civil se aleja
por un túnel de silencio
120   mientras las llamas te cercan.

¡Oh ciudad de los gitanos!
¿Quién te vio y no te recuerda?
Que te busquen en mi frente.
Juego de luna y arena.

TRES ROMANCES HISTÓRICOS

16

MARTIRIO DE SANTA OLALLA

A Rafael Martínez Nadal

I

PANORAMA DE MÉRIDA

POR LA calle brinca y corre
caballo de larga cola,
mientras juegan o dormitan
viejos soldados de Roma.
5   Medio monte de Minervas
abre sus brazos sin hojas.
Agua en vilo redoraba
las aristas de las rocas.

Se publicó en *Revista de Occidente*, XIX (enero de 1928).
1. Sitúa la acción en Mérida que en la Hispania del imperio romano fue Emerita Augusta, ciudad importante y capital de la provincia Lusitania.

Noche de torsos yacentes
10 y estrellas de nariz rota,
aguarda grietas del alba
para derrumbarse toda.
De cuando en cuando sonaban
blasfemias de cresta roja.
15 Al gemir la santa niña,
quiebra el cristal de las copas.
La rueda afila cuchillos
y garfios de aguda comba.
Brama el toro de los yunques,
20 y Mérida se corona
de nardos casi despiertos
y tallos de zarzamora.

II

EL MARTIRIO

Flora desnuda se sube
por escalerillas de agua.
25 El Cónsul pide bandeja
para los senos de Olalla.
Un chorro de venas verdes
le brota de la garganta.
Su sexo tiembla enredado
30 como un pájaro en las zarzas.
Por el suelo, ya sin norma,
brincan sus manos cortadas
que aún pueden cruzarse en tenue
oración decapitada.

35 Por los rojos agujeros
  donde sus pechos estaban
  se ven cielos diminutos
  y arroyos de leche blanca.
  Mil arbolillos de sangre
40 le cubren toda la espalda
  y oponen húmedos troncos
  al bisturí de las llamas.
  Centuriones amarillos
  de carne gris, desvelada,
45 llegan al cielo sonando
  sus armaduras de plata.
  Y mientras vibra confusa
  pasión de crines y espadas,
  el Cónsul porta en bandeja
50 senos ahumados de Olalla.

III

INFIERNO Y GLORIA

  Nieve ondulada reposa.
  Olalla pende del árbol.
  Su desnudo de carbón
  tizna los aires helados.
55 Noche tirante reluce.
  Olalla muerta en el árbol.
  Tinteros de las ciudades
  vuelcan la tinta despacio.

---

50. Ver nota al verso 107 de *Romance de la Guardia Civil Española*.

Negros maniquís de sastre
60 cubren la nieve del campo
en largas filas que gimen
su silencio mutilado.
Nieve partida comienza.
Olalla blanca en el árbol.
65 Escuadras de níquel juntan
los picos en su costado.

* * *

Una Custodia reluce
sobre los cielos quemados,
entre gargantas de arroyo
70 y ruiseñores en ramos.
¡Saltan vidrios de colores!
Olalla blanca en lo blanco.
Ángeles y serafines
dicen: Santo, Santo, Santo.

17

BURLA DE DON PEDRO A CABALLO
ROMANCE CON LAGUNAS

A JEAN CASSOU

POR UNA vereda
venía Don Pedro.
¡Ay cómo lloraba
el caballero!
5   Montado en un ágil
caballo sin freno,
venía en la busca
del pan y del beso.
Todas las ventanas
10   preguntan al viento,
por el llanto oscuro
del caballero.

Se publicó, «Romance con lagunas» en *Mediodía. Revista de Sevilla*, núm. 7, 1927.

PRIMERA LAGUNA

Bajo el agua
siguen las palabras.
15   Sobre el agua
una luna redonda
se baña,
dando envidia a la otra
¡tan alta!
20   En la orilla,
un niño,
ve las lunas y dice:
¡Noche; toca los platillos!

SIGUE

A una ciudad lejana
25   ha llegado Don Pedro.
Una ciudad de oro
entre un bosque de cedros.
¿Es Belén? Por el aire
yerbaluisa y romero.
30   Brillan las azoteas
y las nubes. Don Pedro
pasa por arcos rotos.
Dos mujeres y un viejo
con velones de plata
35   le salen al encuentro.

26. En el autógrafo aparece *«Una ciudad de oro»* y en el libro, publicado por *Revista de Occidente*, *«Una ciudad lejana»*.

Los chopos dicen: No.
Y el ruiseñor: Veremos.

SEGUNDA LAGUNA

Bajo el agua
siguen las palabras.
40   Sobre el peinado del agua
un círculo de pájaros y llamas.
Y por los cañaverales,
testigos que conocen lo que falta.
Sueño concreto y sin norte
45   de madera de guitarra.

SIGUE

Por el camino llano
dos mujeres y un viejo
con velones de plata
van al cementerio.
50   Entre los azafranes
han encontrado muerto
el sombrío caballo
de Don Pedro.
Voz secreta de tarde
55   balaba por el cielo.
Unicornio de ausencia
rompe en cristal su cuerno.
La gran ciudad lejana
está ardiendo

60   y un hombre va llorando
      tierras adentro.
      Al Norte hay una estrella.
      Al Sur un marinero.

                ÚLTIMA LAGUNA

      Bajo el agua
65   están las palabras.
      Limo de voces perdidas.
      Sobre la flor enfriada,
      está Don Pedro olvidado
      ¡ay! jugando con las ranas.

18

THAMAR Y AMNÓN

Para Alfonso García Valdecasas

LA LUNA gira en el cielo
sobre las tierras sin agua
mientras el verano siembra
rumores de tigre y llama.
5   Por encima de los techos
nervios de metal sonaban.
Aire rizado venía
con los balidos de lana.
La tierra se ofrece llena
10   de heridas cicatrizadas,
o estremecida de agudos
cauterios de luces blancas.

* * *

Thamar estaba soñando
pájaros en su garganta,

13. Thamar: hija del rey David, violada y muerta por su
hermano Amnón, que a su vez y en venganza fue muerto
también por Absalón, hermano de ambos.

91

15   al son de panderos fríos
y cítaras enlunadas.
Su desnudo en el alero,
agudo norte de palma,
pide copos a su vientre
20   y granizo a sus espaldas.
Thamar estaba cantando
desnuda por la terraza.
Alrededor de sus pies,
cinco palomas heladas.
25   Amnón delgado y concreto,
en la torre la miraba
llenas las ingles de espuma
y oscilaciones la barba.
Su desnudo iluminado
30   se tendía en la terraza,
con un rumor entre dientes
de flecha recién clavada.
Amnón estaba mirando
la luna redonda y baja,
35   y vio en la luna los pechos
durísimos de su hermana.

* * *

Amnón a las tres y media
se tendió sobre la cama.
Toda la alcoba sufría
40   con sus ojos llenos de alas.
La luz maciza, sepulta
pueblos en la arena parda,
o descubre transitorio
coral de rosas y dalias.

45   Linfa de pozo oprimida,
brota silencio en las jarras.
En el musgo de los troncos
la cobra tendida canta.
Amnón gime por la tela
50   fresquísima de la cama.
Yedra del escalofrío
cubre su carne quemada.
Thamar entró silenciosa
en la alcoba silenciada,
55   color de vena y Danubio
turbia de huellas lejanas.
Thamar, bórrame los ojos
con tu fija madrugada.
Mis hilos de sangre tejen
60   volantes sobre tu falda.
Déjame tranquila, hermano.
Son tus besos en mi espalda,
avispas y vientecillos
en doble enjambre de flautas.
65   Thamar, en tus pechos altos
hay dos peces que me llaman
y en las yemas de tus dedos
rumor de rosa encerrada.

* * *

Los cien caballos del rey
70   en el patio relinchaban.
Sol en cubos resistía
la delgadez de la parra.
Ya la coge del cabello,
ya la camisa le rasga.

75   Corales tibios dibujan
arroyos en rubio mapa.

* * *

¡Oh, qué gritos se sentían
por encima de las casas!
80   Qué espesura de puñales
y túnicas desgarradas.
Por las escaleras tristes
esclavos suben y bajan.
Émbolos y muslos juegan
bajo las nubes paradas.
85   Alrededor de Thamar
gritan vírgenes gitanas
y otras recogen las gotas
de su flor martirizada.
Paños blancos, enrojecen
90   en las alcobas cerradas.
Rumores de tibia aurora
pámpanos y peces cambian.

* * *

Violador enfurecido,
Amnón huye con su jaca.
95   Negros le dirigen flechas
en los muros y atalayas.
Y cuando los cuatro cascos
eran cuatro resonancias,
David con unas tijeras
100   cortó las cuerdas del arpa.

LLANTO POR IGNACIO SÁNCHEZ MEJÍAS

[1934]

A mi querida amiga
Encarnación López Júlvez[1]

1. Ignacio Sánchez Mejías fue un torero popular en su época, apreciado por su valentía y estilo arriesgado, sin llegar a la fama y calidad de su cuñado Joselito o de Juan Belmonte. Amigo de Ortega y Gasset, Valle Inclán y Bergamín, Sánchez Mejías fue un animador desde sus comienzos de la generación del 27 y él mismo escribió y estrenó tres obras de teatro. El 11 de agosto de 1934, citando al toro desde el estribo, fue cogido en la plaza de Manzanares y dos días después moriría en Madrid por gangrena. Lorca dedica el poema a la compañera del torero, Encarnación López Júlvez, *La Argentinita*.

1

LA COGIDA Y LA MUERTE

A LAS cinco de la tarde.
Eran las cinco en punto de la tarde.
Un niño trajo la blanca sábana
a las cinco de la tarde.
5   Una espuerta de cal ya prevenida
a las cinco de la tarde.
Lo demás era muerte y sólo muerte
a las cinco de la tarde.

El viento se llevó los algodones
10   *a las cinco de la tarde,*
y el óxido sembró cristal y níquel
a las cinco de la tarde.
Ya luchan la paloma y el leopardo
a las cinco de la tarde,
15   y un muslo con un asta desolada
a las cinco de la tarde.

9. Se está describiendo en un comienzo brusco e invertido, no el ruedo, sino la enfermería de la plaza: blanca sábana, cal que desinfecta, algodón, frascos e instrumental —cristal y níquel—, como el lugar donde germina la muerte por gangrena: óxido sembró.

Comenzaron los sones de bordón
a las cinco de la tarde.
Las campanas de arsénico y el humo
20   *a las cinco de la tarde.*
En las esquinas grupos de silencio
a las cinco de la tarde,
¡y el toro sólo corazón arriba!
a las cinco de la tarde,
25   Cuando el sudor de nieve fue llegando
a las cinco de la tarde,
cuando la plaza se cubrió de yodo
a las cinco de la tarde,
la muerte puso huevos en la herida
30   *a las cinco de la tarde.*
A las cinco de la tarde.
A las cinco en punto de la tarde.

Un ataúd con ruedas es la cama
a las cinco de la tarde.
35   Huesos y flautas suenan en su oído
a las cinco de la tarde.
El toro ya mugía por su frente
a las cinco de la tarde.
El cuarto se irisaba de agonía
40   *a las cinco de la tarde.*
A lo lejos ya viene la gangrena
a las cinco de la tarde.

17. Bordón: «estribillo, sonidos o frases que se repiten»;
aquí, quizás, el rumor sobrecogido y ensordecedor que se
levanta en la plaza ante el horror de la cogida.

Trompa de lirio por las verdes ingles
a las cinco de la tarde.
45 Las heridas quemaban como soles
a las cinco de la tarde,
y el gentío rompía las ventanas
a las cinco de la tarde.
A las cinco de la tarde.
50 ¡Ay qué terribles cinco de la tarde!
¡Eran las cinco en todos los relojes!
¡Eran las cinco en sombra de la tarde!

2

LA SANGRE DERRAMADA

¡QUÉ NO quiero verla!

Dile a la luna que venga,
55 que no quiero ver la sangre
de Ignacio sobre la arena.

¡Que no quiero verla!

La luna de par en par.
Caballo de nubes quietas,
60 y la plaza gris del sueño
con sauces en las barreras.

¡Que no quiero verla!
Que mi recuerdo se quema.
¡Avisad a los jazmines
65 con su blancura pequeña

¡Que no quiero verla!

La vaca del viejo mundo
pasaba su triste lengua

sobre un hocico de sangres
70   derramadas en la arena,
y los toros de Guisando,
casi muerte y casi piedra,
mugieron como dos siglos
hartos de pisar la tierra.
75   No.
¡Que no quiero verla!

Por las gradas sube Ignacio
con toda su muerte a cuestas.
Buscaba el amanecer,
80   y el amanecer no era.
Busca su perfil seguro,
y el sueño lo desorienta.
Buscaba su hermoso cuerpo
y encontró su sangre abierta.
85   ¡No me digáis que la vea!
No quiero sentir el chorro
cada vez con menos fuerza;
ese chorro que ilumina
los tendidos y se vuelca
90   sobre la pana y el cuero
de muchedumbre sedienta.
¡Quién me grita que me asome!
¡No me digáis que la vea!

71. Esculturas de piedra granítica de la cultura céltica de
la meseta.

No se cerraron sus ojos
95   cuando vio los cuernos cerca,
pero las madres terribles
levantaron la cabeza.
Y a través de las ganaderías
hubo un aire de voces secretas
100   que gritaban a toros celestes
mayorales de pálida niebla.

No hubo príncipe en Sevilla.
que comparársele pueda,
ni espada como su espada
105   ni corazón tan de veras.
Como un río de leones
su maravillosa fuerza,
y como un torso de mármol
su dibujada prudencia.
110   Aire de Roma andaluza
le doraba la cabeza

96. *Las madres terribles* se interpretan como Las Parcas, que, aquí, se dirigen, desde el infierno que habitan, hacia el cielo con *voces secretas*. Cf. R. Martínez Nadal, *El público. Amor y muerte en la obra de...* México, 1974.

100. Francisco García Lorca interpreta estos versos como hipérbole del Taurus gongorino que *«en campos de zafiro pasce estrellas»*. Ahora estaríamos ante una imagen taurina del cielo donde *toros celestes* son Taurus y *mayorales de pálida niebla* la constelación del Boyero. Cf. *Federico y su mundo,* Madrid, 1981.

donde su risa era un nardo
de sal y de inteligencia.
¡Qué gran torero en la plaza!
115   ¡Qué buen serrano en la sierra!
¡Qué blando con las espigas!
¡Qué duro con las espuelas!
¡Qué tierno con el rocío!
¡Qué deslumbrante en la feria!
120   ¡Qué tremendo con las últimas
banderillas de tiniebla!

Pero ya duerme sin fin.
Ya los musgos y la hierba
abren con dedos seguros
125   la flor de su calavera.
Y su sangre ya viene cantando:
cantando por marismas y praderas,
resbalando por cuernos ateridos,
vacilando sin alma por la niebla,
130   tropezando con miles de pezuñas
como una larga, oscura, triste lengua,
para formar un charco de agonía
junto al Guadalquivir de las estrellas.
¡Oh blanco muro de España!
135   ¡Oh negro toro de pena!
¡Oh sangre dura de Ignacio!

114. En su construcción y valor expresivo estos versos
recogen los de Jorge Manrique en sus *Coplas*: «*¡Qué ene-
migo d'enemigos!/ ¡Qué maestro d'esforcados/ e valientes*».

¡Oh ruiseñor de sus venas!
No.
¡Que no quiero verla!
140 Que no hay cáliz que la contenga,
que no hay golondrinas que se la beban,
no hay escarcha de luz que la enfríe,
no hay canto ni diluvio de azucenas,
no hay cristal que la cubra de plata.
145 No.
¡¡Yo no quiero verla!!

3

CUERPO PRESENTE

LA PIEDRA es una frente donde los sueños
    gimen
sin tener agua curva ni cipreses helados.
La piedra es una espalda para llevar al
    tiempo
150   con árboles de lágrimas y cintas y planetas.

Yo he visto lluvias grises correr hacia las
    olas
levantando sus tiernos brazos acribillados,
para no ser cazadas por la piedra tendida
que desata sus miembros sin empapar la
    sangre.

155   Porque la piedra coge simientes y nu-
        blados,
    esqueletos de alondras y lobos de pe-
        numbra;

pero no da sonidos, ni cristales, ni fuego,
sino plazas y plazas y otra plaza sin muros.

Ya está sobre la piedra Ignacio el bien
nacido.
160 Ya se acabó; ¿qué pasa? Contemplad su
figura:
la muerte lo ha cubierto de pálidos azufres
y le ha puesto cabeza de oscuro minotauto.

Ya se acabó. La lluvia penetra por su boca.
El aire como loco deja su pecho hundido,
165 y el Amor, empapado con lágrimas de
nieve,
se calienta en la cumbre de las ganaderías.

¿Qué dicen? Un silencio con hedores re-
posa.
Estamos con un cuerpo presente que se
esfuma,
con una forma clara que tuvo ruiseñores
170 y la vemos llenarse de agujeros sin fondo.

¿Quién arruga el sudario? ¡No es verdad
lo que dice!

---

162. *Minotauro:* monstruo mitológico con cuerpo hu-
mano y cabeza de toro que estaba encerrado en un laberin-
to y a quien, como deidad, se le ofrecían sacrificios humanos.

Aquí no canta nadie, ni llora en el rincón,
ni pica las espuelas, ni espanta la serpiente:
aquí no quiero más que los ojos redondos
175 para ver ese cuerpo sin posible descanso.

Yo quiero ver aquí los hombres de voz
 dura.
Los que doman caballos y dominan los
 ríos:
los hombres que les suena el esqueleto y
 cantan
con una boca llena de sol y pedernales.

180 Aquí quiero yo verlos. Delante de la pie-
 dra.
delante de este cuerpo con las riendas
 quebradas.
Yo quiero que me enseñen dónde está la
 salida
para este capitán atado por la muerte.

Yo quiero que me enseñen un llanto como
 un río
185 que tenga dulces nieblas y profundas ori-
 llas,
para llevar el cuerpo de Ignacio y que se
 pierda
sin escuchar el doble resuello de los toros.

Que se pierda en la plaza redonda de la
 luna
que finge cuando niña doliente res in-
 móvil;

190   que se pierda en la noche sin canto de los
        peces
        y en la maleza blanca del humo congelado.

        No quiero que le tapen la cara con pa-
        ñuelos
        para que se acostumbre con la muerte que
        lleva.
        Vete, Ignacio: No sientas el caliente bra-
        mido.
195   Duerme, vuela, reposa: ¡También se mue-
        re el mar!

4

ALMA AUSENTE

No te conoce el toro ni la higuera,
ni caballos ni hormigas de tu casa.
No te conoce el niño ni la tarde
porque te has muerto para siempre.

200   No te conoce el lomo de la piedra,
ni el raso negro donde te destrozas.
No te conoce tu recuerdo mudo
porque te has muerto para siempre.

El Otoño vendrá con caracolas,
205   uva de niebla y montes agrupados,
pero nadie querrá mirar tus ojos
porque te has muerto para siempre.

Porque te has muerto para siempre,
como todos los muertos de la Tierra,
210   como todos los muertos que se olvidan
en un montón de perros apagados.

No te conoce nadie. No. Pero yo te canto.
Yo canto para luego tu perfil y tu gracia.

La madurez insigne de tu conocimiento.
215 Tu apetencia de muerte y el gusto de su
boca.
La tristeza que tuvo tu valiente alegría.

Tardará mucho tiempo en nacer, si es que
nace,
un andaluz tan claro, tan rico de aventura.
Yo canto su elegancia con palabras que
gimen
220 y recuerdo una brisa triste por los olivos.